将军俑的秘密

博物馆里的中国故事

|儿童历史文化百科绘本|

秦始皇帝陵博物院 主编
农 茜 著 黄架鑫 绘

童趣出版有限公司编　人民邮电出版社出版
北京

图书在版编目（CIP）数据

将军俑的秘密 / 秦始皇帝陵博物院主编；农茜著；黄架鑫绘；童趣出版有限公司编. -- 北京：人民邮电出版社，2025. --（博物馆里的中国故事）. -- ISBN 978-7-115-66009-1

Ⅰ．K878.9-49

中国国家版本馆CIP数据核字第2024N3E517号

主　　编：秦始皇帝陵博物院
著　　　：农　茜
绘　　　：黄架鑫
责任编辑：齐　迹
执行编辑：韩心悦
责任印制：邵　超
封面设计：韩木华
排版制作：北京启智航远文化有限公司

编　　　：童趣出版有限公司
出　　版：人民邮电出版社
地　　址：北京市丰台区成寿寺路11号邮电出版大厦（100164）
网　　址：www.childrenfun.com.cn

读者热线：010-81054177　　经销电话：010-81054120

印　　刷：北京利丰雅高长城印刷有限公司
开　　本：889×1194　1/16
印　　张：7.75
字　　数：150千字

版　　次：2025年5月第1版　2025年5月第1次印刷
书　　号：ISBN 978-7-115-66009-1
定　　价：98.00元

版权所有，侵权必究。如发现质量问题，请直接联系读者服务部：010-81054177。

前言

　　50年前的春天,秦始皇的地下军队——兵马俑被发掘出来。当年夏季,考古工作者揭开了"世界第八大奇迹"的神秘面纱。从传说到史实,从蒙昧到科学,从乱石沙砾到世界瞩目……这是几代考古人不懈努力的成果。

　　经过考古工作者的试掘和钻探,我们知道这座兵马俑坑是一个总面积达14260平方米的大型陪葬坑,坑内埋藏有陶俑、陶马约6000件。1975年,国家决定在兵马俑坑遗址上建设博物馆。1976年4月23日,兵马俑坑的东端北侧又发现了一座俑坑。于是,之前发现的俑坑被命名为一号兵马俑坑,这次发现的俑坑被命名为二号兵马俑坑。同年5月11日,又在一号坑西端北侧发现了一座俑坑,命名为三号兵马俑坑。

　　党和国家高度重视秦始皇帝陵的保护与兵马俑博物馆的建设。1979年10月1日,秦兵马俑一号坑遗址大厅落成,秦始皇兵马俑博物馆正式对公众开放。博物馆的主要任务是对秦兵马俑坑的考古发掘与遗址的保护研究,同时做好对文物和遗址的科学管理、陈列展示和对观众的接待服务工作。1987年12月,秦始皇帝陵(含兵马俑坑)被联合国教科文组织列入《世界遗产名录》,成为人类文明史上光彩熠熠的一章。2009年2月,秦始皇帝陵博物院成立,在对秦始皇帝陵及兵马俑坑的考古发掘与研究、文物与遗址保护管理、大遗址保护与展示等方面都取得了令人瞩目的成绩。2010年10月,秦始皇陵国家考古遗址公园建成开放,这标志着对秦始皇帝陵园的保护和建设迈上了新台阶。

　　秦始皇帝陵考古发掘50年,是科学发掘与科技保护并行的50年,是薪火相传、硕果累累的50年。经过考古发掘与文物保护研究人员的不懈努力,秦陵彩绘铜车马的修复工作完成,为结构复杂的大型青铜文物修复积累了宝贵的经验。1997年12月，"秦陵一号铜车马修复技术"获国家科学技术进步奖二等奖。2002年3月，利用物探和遥感技术对秦始皇帝陵进行地下文物调查项目被列入国家高技术研究发展计划（863计划），这在国内文物考古领域尚属首次。2004年12月，"秦俑彩绘保护技术研究"获国家科学技术进步奖二等奖，陶俑彩绘保护这一关键技术难题得到了解决。"考古现场脆弱性文物临时固型提取及其保护技术"的成功，为考古发掘现场脆弱文物的保护提供了强有力的科学技术支撑，喜获2019年度国家科学技术进步奖二等奖。现代文物保护工作者是奇迹的见证者，更是历史的再创造者！

遗址浩瀚，任重道远。如今，一代又一代的考古人依旧坚守岗位，新技术依旧不断被应用于文物保护研究中。相信随着科技的发展进步和考古发掘工作的不断推进，那个伟大王朝的真实样貌将不断清晰。

为了让更多青少年读者了解历史，了解考古学和文物保护科学原理，童趣出版有限公司和秦始皇帝陵博物院于秦兵马俑考古发掘50周年之际，联合策划了这本书。书中的"将军俑"形象，凝聚了古人的智慧，是万千劳动者的化身。制俑的工匠、英勇的士兵、宫廷的艺人……无数小人物让历史鲜活，让时间有温度，让瞬间成为永恒；就是这种不断探索、追求卓越的工匠精神推动了科技进步。因此，我希望小读者们也能走进博物馆，学习历史文化知识，用奋斗创造出属于自己的未来。

一尊陶俑，一个故事。愿各位读者能翻开书页，开启一段穿越时光的旅程，倾听来自2000多年前文明的回响。

秦始皇帝陵博物院 党委副书记、副院长

田静

2024年11月

目录

第一章
一捧土的见闻
1

第二章
成为将军俑
23

第三章
嘘，溜出去逛逛
53

第四章
重见天日
87

第一章
一捧土的见闻

我本是秦国的一捧土，
在风光秀丽的骊山脚下过着平静的日子，
日升月落，
数不清过了多少年岁。
突然有一天，
风里传来嗒嗒的马蹄声……

四海归一

听见多识广的土爷爷说,我们现在生活的时代叫"秦",权力最大的人是秦始皇嬴政。"六王毕,四海一。"他用了不到十年的时间,先后攻灭了韩、赵、魏、楚、燕、齐六个国家,结束了列国纷争,建立了中国历史上第一个统一的、多民族的、中央集权制的国家,他也成为中国历史上第一位皇帝。

你知道吗?

秦王嬴政统一中国后,从传说中"三皇""五帝"的名字中各取一个字,合并成为"皇帝",认为自己的功劳超过了三皇五帝。从此,"皇帝"就成了中国封建社会最高统治者的称谓。嬴政自称"始皇帝",希望秦帝国从他开始,能够传至千秋万世,所以人们就称呼他为"秦始皇"。

权力在"中央"

国家一下子变得这么大,管理起来一定不容易,秦始皇在大臣们的建议下,经过深思熟虑,决定在中央实行三公九卿制,在地方实行郡县制。这套统一的封建中央集权制度,一直影响了中国两千多年。

你知道吗?

郡县制就是把全国划分为36个郡,再按照"郡、县、乡、里"一层一层划分下去,由朝廷任命郡守和县令,这样皇帝就能更直观地察觉地方是否稳定。这种管理制度是不是和今天的"省、市、县、乡"有点儿像呢?

如果把国家比喻为班级的话，秦始皇就是班主任，丞相是全面发展的班长，是"百官之长"；太尉是班上的"安全委员"，管理军政事务；御史大夫是"监督委员"，既是秦始皇的"秘书"，也负责监察百官；九卿则是分工明确、各有所长的小队长。大家一起帮助"秦老师"把"班级"管理得井井有条。

万事万物有标准

治国法先行

秦始皇统一中国前,各个诸侯国的法律都不一样。公元前356年,商鞅得到秦孝公的支持,在秦国实行变法,为秦国制定了一系列严格的法律,推动了秦国的发展。公元前221年,秦始皇统一中国后,以秦国的法律为基础,广泛吸纳各国先进的律法制度,作为全国统一的法律颁行各地。

法律中反映的秦朝生活是什么样的呢?也许下面这些条文能帮我们更好地了解秦朝的法律。

秦朝有一条以身高作为量刑标准的法律,身高不足六尺的"犯人",被认为是年龄小、无刑事责任能力的青少年,考虑到受教唆与主观过失两种因素的影响,可以不负刑事责任。用今天的眼光看,也许不是十分科学严谨,但在户籍制度不健全的古代,却不失为一种"未成年人保护法"。

此外，秦朝还有"森林法"和"野生动物保护法"。秦朝法律中规定，从春天到秋天这段时间，不准砍伐森林，不准打鸟、吃鸟蛋，不准捕猎幼兽，以保护自然万物的持续生长，体现了人与自然和谐相处的生态理念。

你知道吗？

1975年12月，湖北省云梦县睡虎地出土了大量秦简，内容涉及政治、经济、军事、文化、思想、生活等各个方面。这批秦简所记载的秦朝法律相当完备，是我国历史上第一部完整的法典。

文字成一统

战国时期,每个诸侯国使用的文字都不一样,六国统一之后,不同的文字带来了极大的不便,也影响了政令的传达。于是,秦始皇下令命李斯等人整理文字,将秦国的大篆简化成了书写方便的小篆,并在全国推广。

你知道吗？

丞相李斯不仅是赫赫有名的政治家，还写得一手好字，唐朝张怀瓘（guàn）就曾称赞李斯的小篆具有"画如铁石，字若飞动，作楷隶之祖，为不易之法"的特点。统一六国后，秦始皇巡行各地，大臣们在各地山石上用小篆刊刻文字，以此歌颂秦始皇的丰功伟绩。据《史记·秦始皇本纪》记载，有峄（yì）山刻石、泰山刻石、琅琊刻石、之罘（fú）刻石、东观刻石、碣石刻石和会稽刻石，故又称秦七刻石、秦七碑。相传，这些刻石上的小篆就是丞相李斯所书。

峄山刻石的内容分为两部分，前半部分赞扬了秦始皇的文治武功，后半部分记录了李斯随秦二世出巡时，上书请求在秦始皇所立刻石旁刻诏书的事件。这些刻石，不仅让我们知晓千年前的故事，更是中国文字史、书法史研究的珍贵资料。

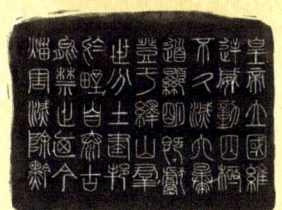

钱币规范铸造

秦统一六国前,各诸侯国的货币形状、大小、轻重各不相同,并且只能在一定范围内流通,贸易往来非常不方便。当时齐国、燕国使用刀币,韩国、赵国、魏国使用布币,楚国的货币则是蚁鼻钱和郢（yǐng）爰（yuán）等。

秦始皇统一六国后，下令废除这些形状不同的货币，统一使用秦国的圆形方孔钱。这种钱以"半两"为单位，因此人们称其为"半两钱"。半两钱轻巧便利，携带方便，它的出现，促进了国家统一后经济贸易的发展，标志着中国古代钱币体系的初步形成。这种圆形方孔形制的货币在中国流通了两千多年。

半两钱

看，这就是楚国贵族金灿灿的"巧克力"！

郢爰

刀币

好像一个人的鼻子上爬了只蚂蚁，钱币又小又轻，怪不得叫"蚁鼻钱"。

这钱长得真奇怪，像个"鬼脸"，所以又叫"鬼脸钱"。

蚁鼻钱

统一度量衡

六国统一前,各诸侯国的度量衡在单位名称、器物形制、单位量值、管理制度等方面都存在巨大差异。

统一后,由于生活习惯等其他原因的影响,一些地区仍保留着旧的单位制,单位量值也参差不齐,这些都直接影响着赋税、俸禄和奖惩制度的执行。因此,统一度量衡便成了刻不容缓的大事。

秦始皇颁布了统一度量衡的命令，把商鞅制定的、已在秦国实行100多年的度量衡制度推行全国。这样既保证了国家的赋税收入，又方便了商品流通，对巩固政权和发展经济起到了积极作用。

经测量，统一后的一尺约为现在的23厘米，一升约为现在的200毫升，一斤约为现在的250克。

啊？！这是一斤米？

你知道吗？

人们在说起能力不分高低、水平不分上下时，常常会用到"半斤八两"这个成语。"半斤"和"八两"的关系，也可以追溯到秦朝。秦朝衡制规定：1石＝4钧，1钧＝30斤，1斤＝16两，因此半斤就是八两。新中国成立后，由于十六两制在实际生活中使用起来实在不方便，才改成现在的一斤等于十两。

车同轨

　　古代的车是木制的，车轮也是木制的。硬木制成的车轮行驶过路面后会留下两道沟痕，这就是车辙。随着车辆的往来穿行，车辙的沟痕越来越深，后面的车只需要沿着这两条车辙，就能走得非常快。为了方便各地交往和交通运输，秦始皇下令推行"车同轨"的交通政策，规定车轮之间的距离为六尺。

你知道吗?

近代工业社会,国家与国家之间的铁路轨距是不相同的,如果想要进入对方的路网,就必须采取一种特殊的换轨交接措施。在古代,外交使团进出别国领地,也要在指定地点换乘专车,才能够保证通行。春秋战国时期,各个国家根据自身地域特点和经济情况,规定了自己国家车轮的间距,不仅满足自用,也在道路运输上给他国造成不便,以防御侵略。

6尺

令人震撼的大国工程

条条大路通咸阳

"车同轨"的政策实施后，对道路的要求也更高了。于是秦始皇下令以首都咸阳为中心，修筑四通八达的驰道。秦始皇在10年间，曾5次沿着驰道巡视天下。驰道由黄土夯筑而成，中间三丈（约10米）是皇帝专用的"御道"，道路两边

种有松树,一般人不得随意进入,"御道"外的两侧才是百姓自由通行的道路。

此外,为了抵御北方匈奴的侵扰,保卫边疆安宁,秦始皇还命大将军蒙恬监修秦直道。秦直道全长1800里(约为今天的740千米),从秦首都咸阳北边的云阳(今陕西省淳化县)通往九原郡(今内蒙古自治区包头市)。道路直通南北,所以叫"直道"。

你知道吗?

秦直道纵穿黄土高原,沿海拔1600多米的子午岭一路北上。所经之处,地远山险,人迹罕至。历经两千多年的风雨沧桑,部分路面至今保存完好,有些路面仍可使用。

万里长城万里长

为了维护边疆安宁,秦始皇又派蒙恬将军带领30万大军北击匈奴,并对原来燕国、赵国、秦国所筑的北方长城进行修缮,将它们连接起来,形成一道西起临洮(今甘肃省岷县)、东到辽东(今辽宁省辽阳市)的长城。如今,长城以其雄伟的气势和博大精深的文化内涵,成为中华民族文明的历史见证。

你知道吗?

在今天内蒙古、宁夏、甘肃等多个省和自治区，依然可见秦长城遗址，其中，内蒙古自治区包头市固阳县境内段的秦长城遗址上，还保存着百余幅阴山岩画，上面画有北山羊、骆驼、驼鹿、舞者、骑士等符号，造型生动，形象逼真。这些岩画对于研究北方游牧民族古代经济文化具有重要价值。

阿房宫和长生梦

　　一系列政策的实施使全国的经济、人口等都得到了良好发展。随着政务增加和国力日渐强盛，之前的宫殿已经不能满足需要，于是秦始皇打算建造一座更加气派的宫殿——阿房宫。

像中国古代历代的帝王一样,秦始皇一方面祈求长生不老,另一方面也知道死亡是不可抗拒的自然规律。公元前246年,13岁的嬴政刚继承秦国王位,便下令在骊山脚下为自己修建陵园。

该陵园按照现实宫廷的格局进行规划设计,还安排了一支由陶俑组成的"地下军队"。于是,我的机会来了!

第二章

成为将军俑

太幸运了,
我即将成为秦始皇陵地下军队
的一员!

变身成了"混合土"

一路摇摇晃晃,我被抬到了工坊里,这里有很多来自五湖四海的能工巧匠。想加入秦始皇的地下军队,脏兮兮的可不行。工匠们把我仔细清理之后,按比例加入黏土、细砂进行调和,再加入水,进行捣炼锤击。这样的我还不能直接"上岗",得继续在阴湿、不透风的地方闷一段时间,这样我的可塑性更强,才更适合被做成陶俑。

你知道吗？

制作秦兵马俑的工匠来自不同地域，出身不同的工匠制作出来的秦俑也各不相同。宫廷工匠对宫廷内外的卫兵较为熟悉，所以他们制作的秦俑大多身材魁梧、气质威武；地方工匠接触的多是劳动人民，所以他们制作的秦俑更具有生活气息。

考古学家曾在秦俑脚下的踏板上发现一枚长18厘米的足印，据推测，这枚足印的小主人身高约1.26米。人们不禁好奇，这枚足印的小主人，是乡野间玩耍的秦朝儿童、是哪位工匠带来的孩子，还是一位"人小力气大"的能工巧匠呢？

方口齐头翘尖履

我听见老师傅对小师傅说:"要想做好一个陶俑,得一步一步慢慢来。首先,按照从下到上的顺序,做好脚踏板、双脚和双腿、身躯、双臂、双手和俑头几个部分,之后,将这几个部分组合在一起,再在上面覆上一层细泥,仔细雕刻出他身上铠甲和衣服的褶皱,最后再经过一番调整和修正,就完成塑型了!"原来到最后我才能知道自己是什么样的!

老师傅开始给我做脚部。只见他先做了个方方正正的脚踏板,让我站得更稳当,然后在脚踏板上塑造我的双脚。老师傅专门为我选了一双时下最流行的"方口齐头翘尖履(lǚ)",这双鞋的模样十分特别,它有一对高高翘起的鞋头,我十分喜欢!

你知道吗？

跪射俑的鞋底上布满排列整齐的钉孔形圆圈纹样，脚掌和脚跟部分细密，中间稀疏。这种纹样模拟了用线绳纳制的鞋底针脚，这种鞋底与我们今天仍在穿的手工纳制的千层底如出一辙。

健壮的粗腿

接下来师傅们要给我做双腿。陶俑的腿大致有两种，一种是穿短裤、缠行縢（téng）的细腿，另一种是穿着护腿的粗腿。我的双腿被做成了健壮的粗腿，这样也许是为了凸显我的威武健壮！

工匠师傅说，这些威武雄壮的陶俑，大部分小腿都是实心的，只有部分粗壮的小腿是空心的，而它们身体的其他部位都是空心的。这可不是工匠师傅"偷工减料"，而是为了降低重心，使陶俑站立不倒。看来真是"高手在民间"，这些看似普通的工匠里也藏着"物理学家"！

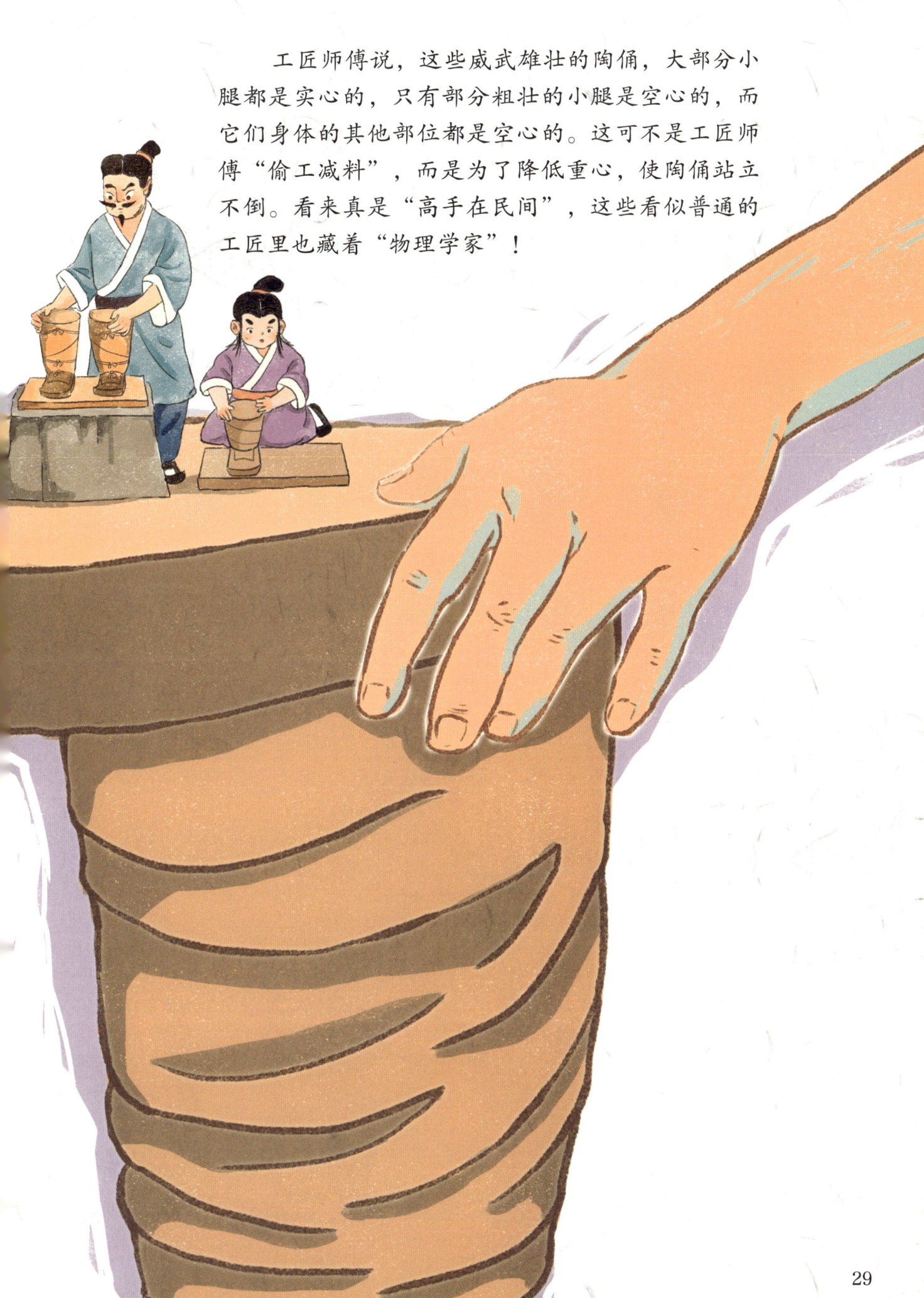

健康的"小肚腩"

"师傅,这些泥条是干什么的?"小师傅的话让我从"一双粗腿"的美梦中醒来。真奇怪,这些搓成长条的泥巴会用在我身上什么地方呢?老师傅说:"我们要用'泥条盘筑'的方法,来给陶俑做身躯。"

只见老师傅的双手上下飞舞,将泥条从下向上、一圈一圈地围起来,再用手将里外抹平,一个形状像桶的健壮身躯就出现了!

咦?怎么有人扎我?

原来,陶俑的烧成温度在950℃~1050℃,为了防止陶俑在烧制过程中炸裂,工匠们还要在俑身上留下通火、透气的孔洞。

你知道吗？

很多秦俑都有"小肚腩"，这是秦人鼓腹体型的真实再现。秦人喜欢食肉和饮酒，导致秦人出现了相当普遍的鼓腹体型。他们认为鼓腹是一种美。《周易·艮卦》中有"艮其身，无咎"的记载，大意是观察人的胸腹部，如果腹部鼓起来，就说明这个人的身体不错。

灵巧多样的双手

做好了双脚、双腿和身体之后,就轮到制作双臂和双手了。由于我们的身份和手持的兵器不同,双臂和双手的姿势也有所不同,因此,我的双臂和双手是分别单独制作的。

我的手可真奇怪,别人的手有摆在胸前的,有置于前侧的,而我的双手却放在腹部。右手和左手交叉相叠,右手食指微微翘起,和老师傅思考时翘起手指的模样真像!难道我是一位秦国的大将军,正在思索怎么在战场上排兵布阵?

威武的新装

我的身躯已经初步成形了,接下来,就要去换新衣服喽。工匠师傅们先在我身躯的粗胎上覆一层细泥,然后开始雕刻铠甲、装饰和服装的皱褶纹路。

秦朝将士的铠甲,根据甲片特征一般可以分为札(zhá)甲和鱼鳞甲。札甲的甲片像古时候长方形的竹木书札,鱼鳞甲的甲片酷似鱼鳞。我身上穿的就是鱼鳞甲,甲片互相叠压,还系有几朵彩带扎成的花结,既能防身,又很美观,各位就等着看我在战场上的飒爽英姿吧!

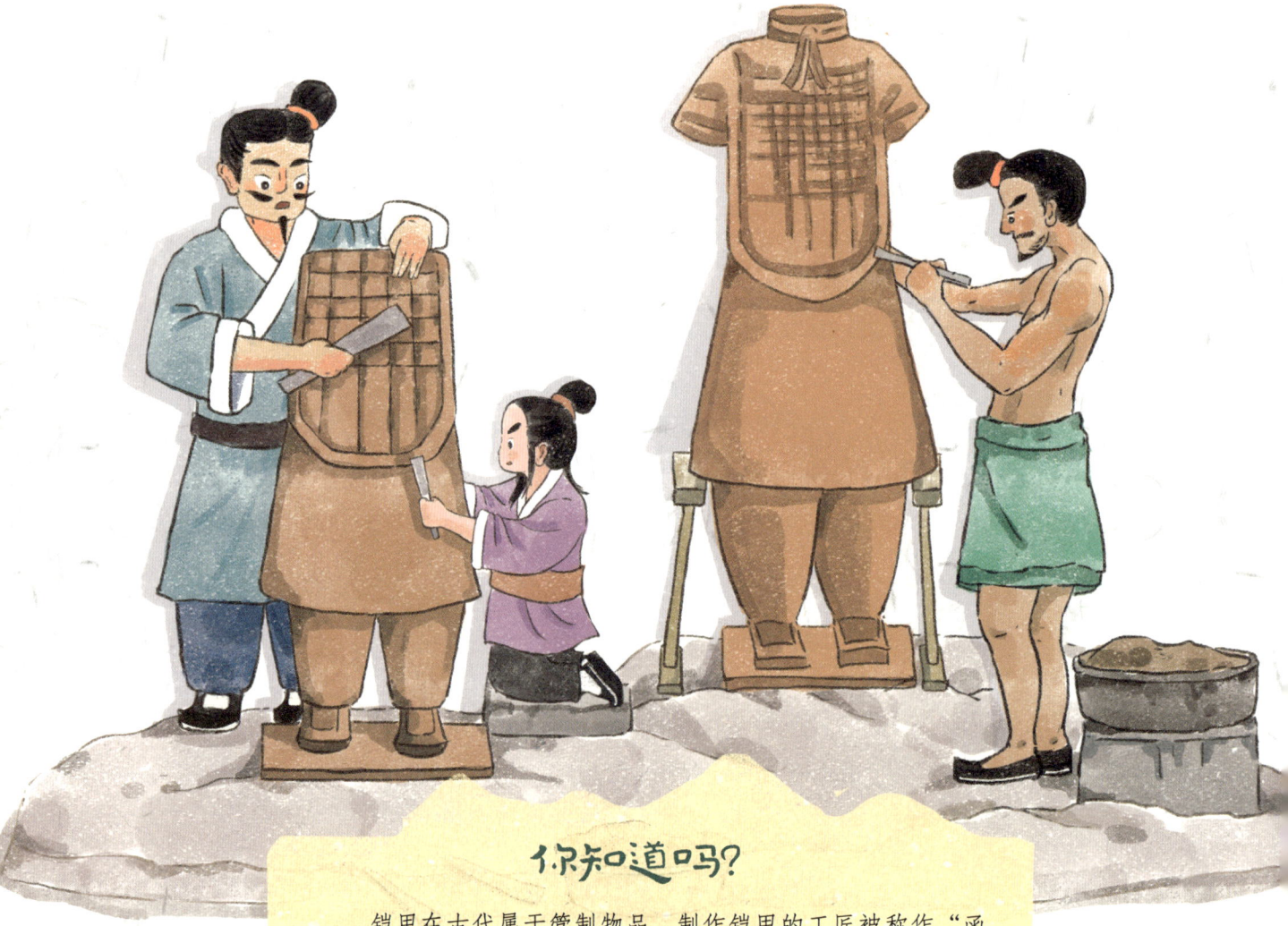

你知道吗?

铠甲在古代属于管制物品,制作铠甲的工匠被称作"函人"。秦朝冶铁炼钢成本很高,铁主要用来制造生产工具,因此主流铠甲还是皮甲。经考证,做皮甲的主要原料是黄牛皮。

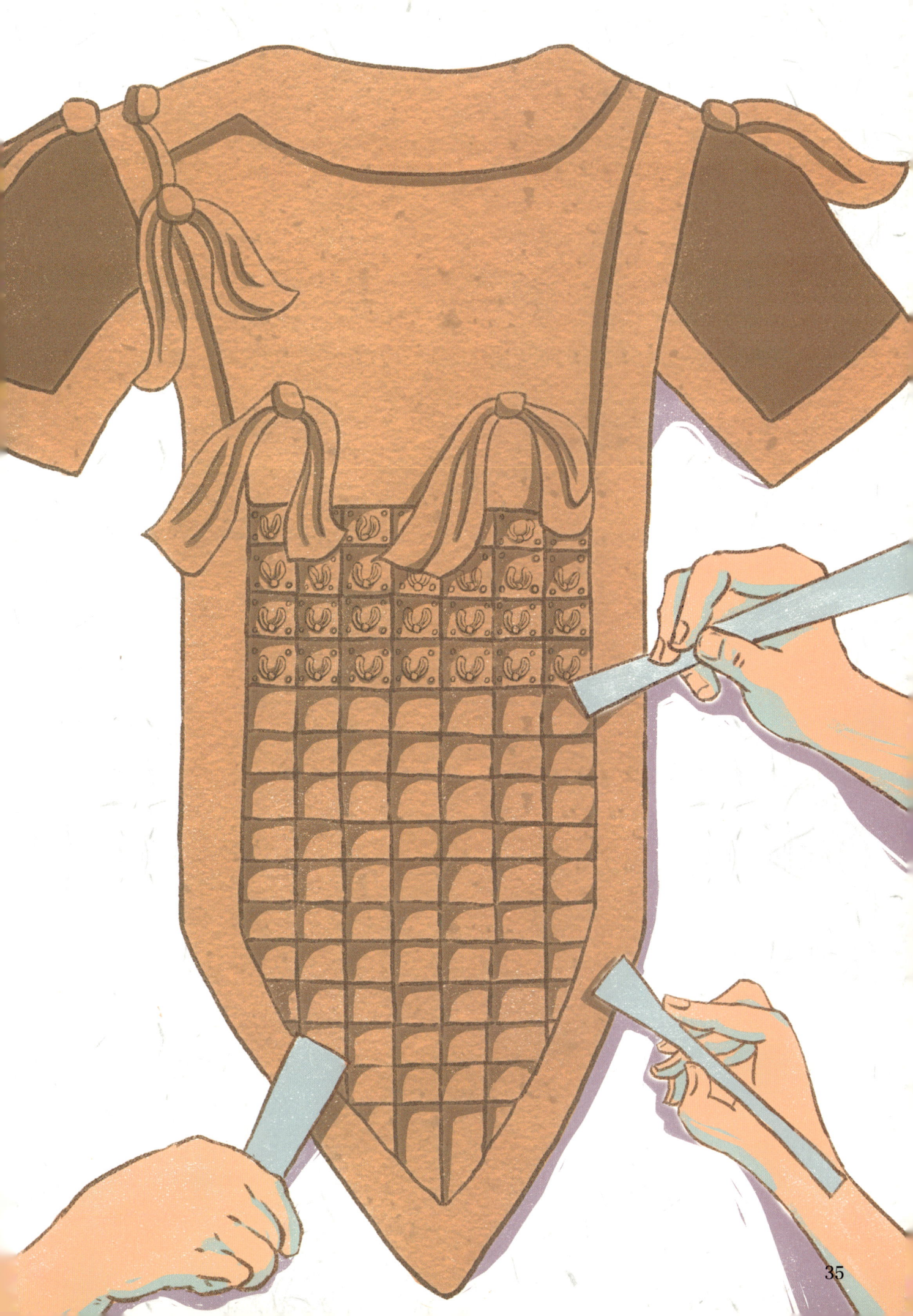

千人千面

　　陶俑的制作分工有序，另一边的工匠师傅们已经开始热火朝天地制作俑头啦！

　　工匠师傅们先用模具制成粗胎，再进行精雕细刻，塑出发髻（jì）、发辫、发冠，并雕刻出五官的细节。陶俑们的长相各不相同，我的眼睛大，你的胡子长，他的嘴巴小……连眼角细微处的皱纹都有不同，在工匠师傅们的巧手下，陶俑有了"千人千面"的奇观。

你知道吗?

制作秦俑的过程像积木拼接游戏。秦俑的双耳大多数是先用模具单独制作,然后粘贴在头的两侧,秦俑的胡子也是粘贴上去的。

秦俑采用了模具和手塑结合的方法,同一模具翻出的俑头头型和脸型十分相近,但经过工匠们的巧手塑造,它们的五官和表情就变得各不相同。专家对已经修复好的千余件秦俑进行排列分类,发现有百余种不同的脸型。就面部的大体轮廓而言,不外乎是用"田、由、国、用、目、甲、风、申"八个汉字所代表的八种脸型。观察这些字的形状,你能想象出它们各自代表的脸型是什么样的吗?

快来做造型

快看,我要开始"做造型"了。

东边的师傅在"理发"。我们的"发型"由发辫和发髻两部分组成。发辫大多盘结在脑后,既美观,又起着束发的作用。发辫的花样有多种,有十字交叉形、丁字形、枝丫形等,其中十字交叉形和枝丫形的数量最多。发髻可分为圆髻和扁髻,而圆髻和扁髻又有各种不同的形状。

头发之上,还要塑头冠。有些俑头上戴的头冠是单独雕塑后,再粘在头顶上的。师傅给我做了一顶鹖(hé)冠。

你知道吗？

鹖是古书上一种像野鸡的鸟类，它长着青色的羽毛，天性勇猛好斗，绝不退却。因此，武士佩戴鹖冠，象征其所向披靡，英勇无敌。

"美男子"的象征

西边的师傅在"修胡"。

在秦朝,胡须可是"美男子"的象征!因此,我们大部分陶俑都是有胡须的。胡须的样式也非常多,比较典型的有四种样式——双角自然下垂的八字胡、络腮胡、长须型胡须、三滴水式的髭(zī)须。

只见老师傅思考片刻,手起刀落,干净利索地给我修出了一个八字胡!

你知道吗?

古人认为,"身体发肤,受之父母,不敢毁伤,孝之始也。"蓄发是对父母的孝敬,毁伤毛发是"不孝"的行为。云梦睡虎地秦简《法律问答》中记载,伤害别人的发髻和拔人须眉的人,要服刑四年。秦律中规定,对重罪犯人,会判处惩罚剃掉头发的"髡(kūn)刑"和刮掉胡须的"耐刑"。由此可见,秦人对须发格外重视。

一个完整的我

身体各个部分基本制作完毕后,就等着工匠师傅们把我拼接在一起了。

身体各个部分基本制作完毕后,就等着工匠师傅们把我拼接在一起了。工匠师傅们先事先塑好的双脚粘接好,再与身躯粘接。等我的身躯稍稍阴干后,将制作好的双臂粘空心的腿与踏板上事先塑好的双脚粘接好,再与身躯粘接。等我的身躯稍稍阴干后,将制作好的双臂粘在两侧。工匠师傅们轻轻按压拍打,使我的双臂和身躯紧密黏合,不会因干燥而脱离。之后,他们将做好的双手插到我的袖口内。这样,我的粗胎就初步成型了。接下来,工匠师傅们在我身上覆了一层细泥,他们在细泥上仔细雕饰,为我刻画了很多细节。

对了,还有我的头!我的身体制作完成后,工匠师傅们将我的头部放在胸腔上。这样,一个完整的我就诞生啦!

马上就要入窑啦

工匠师傅们把我的泥胎制作好之后,我就成了一个完整的"秦朝武士"。哇,看起来好威风!我低下头仔细打量着自己,这时候我才能知道自己是什么样子——原来我是一个威风凛凛的高级军吏俑,大家都叫我"将军俑"!

我们的身高比普通秦朝人略高,工匠师傅们还跟我们站在一块儿比了比个头儿呢!接下来,我们就要入窑烧制了!

你知道吗?

秦俑运送、组装、出窑的每个环节,都有可能出事故,造成秦俑破裂伤残,时刻需要工地上的"医生"妙手回春。他们拿着"药箱",带上统一配置的"药膏",在工地上往来穿梭。这些"药膏"是一种由陶粉、鸡蛋液、动物胶调配而成的复合材料,可以用来粘合陶片、填补坑洼、补土修饰。

色彩丰富的秦俑

经过长时间的烧制,我终于出窑了。出窑之后,工匠师傅们在我身上刷了一层生漆,接下来就轮到上色啦……

我们是彩绘俑,身上的颜色有红、粉红、枣红、绿、蓝、紫、黑、白、褐等十余种,每一种颜色还有浓浓淡淡深深浅浅的变化!红色有朱红、枣红、粉红;绿色有深绿、粉绿;蓝色有深蓝、粉蓝……非常漂亮!工匠师傅们说,这些颜色基本上都是大自然的馈赠,大多来自天然的矿物颜料,而且是现在服饰的"流行色"。

我的衣服穿好了,扭头一看,大家也都穿上了颜色鲜艳的新衣服,你看他穿着枣红色的上衣,搭配天蓝色的裤子,神子还是绿色的,色彩搭配真奇妙!工匠师傅们巧妙地利用颜色的对比,把我们塑造得像真正的秦朝人!

你知道吗?

在秦俑已知的众多颜色中,有一种颜色非常特别,它不是天然的矿物颜料,而是由人工合成的化学颜料。这种紫色最早发现在汉代器物上,被称为"汉紫",而秦俑的发现,将这一颜色出现的时间提前。现在,我们将这种美丽又神秘的颜色称为"中国紫"。

中国紫的成分为硅酸铜钡。

栩栩如生的陶马

等没人注意我的时候,我悄悄溜了出去……

隔壁正在做陶马。工匠师傅们先将马的头部、颈部、躯干、四肢、尾巴、耳朵等各个部分分别制作好,再拼接黏合起来,一匹陶马初具雏形。看起来真有意思,我都想试着骑一下了。拼接黏合好的陶马只能叫作粗胎,还要再次覆泥,仔细地修饰雕刻、入窑烧造、施以彩绘,一匹精美的战马才算完成塑造。

工匠师傅们还给马尾巴梳了个小辫子！原来，马尾旁边常常要安置拉车的挽具，把马尾扎起来，可以避免马尾被挽具缠绕，导致马受惊摔跤。

你知道吗？

秦律规定，战马要经过严格挑选和良好训练，选马要选膘厚、善跑、机灵、有耐力的良马。秦始皇陵出土的马俑大多高约1.7米，马肩的高度约为1.3米，身长约2米，体重约200千克，完全符合战马的标准。

整齐的军营

哎呀，不好，老师傅过来找我了！我赶忙又站了回去。老师傅和其他工匠师傅商量着要把我放到军阵里。我马上就要和兄弟们汇合了！

工匠师傅们推着我走过一条长长的坑道，地上铺着大小几乎一样的砖，干净又平整。旁边还有土墙，土墙上的顶棚是用木头搭建的，听说这些木头大多来自川渝地区，翻山越岭才来到这里。木头上还铺了一层芦席，席子上覆盖着一层厚厚的胶泥土。这就是我们的"地下军营"，我们要在这里守卫秦陵！

你知道吗？

砖，作为一种建筑材料，早在我国西周时期就已经出现。到了秦汉时期，制砖的技术和生产规模、质量都有了显著提高。秦兵马俑坑中就发现了大量的秦砖，它们虽然埋在地下两千余年，仍质地坚硬、外形规整、棱角分明，敲击时有铿锵之声。秦砖汉瓦，果真名不虚传！

第三章
嘘,溜出去逛逛

我和我的朋友们一同守卫着这座"地下城堡"。现在,和我一起来看看我们的地下生活吧!

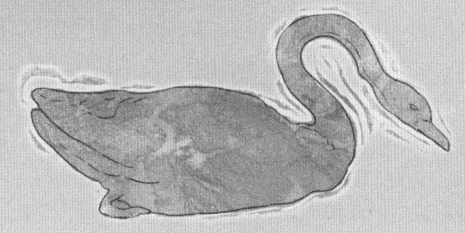

将军俑的朋友们

器宇轩昂的武士俑

武士俑可分为步兵俑和骑兵俑,其中步兵俑按照着装,可分为战袍武士俑和铠甲武士俑。

战袍武士俑穿着长及膝盖的交领右衽战袍,腰间系着时髦的腰带,小腿上缠着"行縢",方便作战,脚上穿着方口履。他不爱穿盔甲、戴头冠,只是把头发梳成圆髻,扎在头顶的一侧。

铠甲武士俑的战袍外面还多穿了一件短襟铠甲。多数时候，铠甲武士俑爱穿革靴。和战袍武士俑一样，他也不爱戴头盔和头冠，只是把头发梳成圆髻或扁髻样式，戴上橘红色的发绳，或者长方形的发卡。有时候，他也会在头发上套一顶质地轻薄的"介帻（zé）"。

介帻

铠甲武士俑

短襟铠甲

革靴

你知道吗？

你看这些武士俑，为什么有的穿着铠甲，有的不穿铠甲？这是因为，战场的实际环境不同，需要的着装也不同。重装步兵虽然有铠甲的保护，但不如轻装步兵行动敏捷，而没有防护装备的轻装步兵，又需要重装步兵的掩护，才能长驱直入。战场上，轻装步兵和重装步兵相互配合，才能战无不胜。

步兵俑中还有姿势特别的立射俑和跪射俑。立射俑时刻保持站立持弩拉弓的动作,张开双臂,叉开双腿,屏住呼吸,双目炯炯有神,真如《孙子兵法》中说的"节如发机"!他们训练有素,在战场上百发百中!

立射俑

跪射俑左腿蹲屈，右膝着地，上身挺直，双目凝视左前方，双手在腹部一上一下，紧紧握着弓弩。

跪坐射击的姿态可以降低重心，便于瞄准。与立射俑相比，跪射俑更善于隐藏自己，是防守或埋伏时理想的状态。

跪射俑

你知道吗？

想要在战场上百发百中、大显身手，要经过非常严格的考核。云梦睡虎地秦简中的《秦律杂抄》记载："发弩啬（sè）夫射不中，赀（zī）二甲，免，啬夫任之。"意思是说，如果主管弩兵的官吏射箭射不中目标，不仅要罚他上交两件铠甲，还要免去他的官职，由官职比他低一级的小吏"啬夫"补任。

接下来,我们一起认识这些善于控马的"骑士"吧!

头戴圆形小帽,上身穿着短小、轻巧、简单的铠甲,下身穿着收口连裆长裤,脚蹬短靴——这是骑兵俑常见的打扮。这样简洁利落的装束能让他们的行动更加敏捷。骑兵俑身材干练,体型修长,都在1.73米以上。他们一只手牵着缰绳,一只手提着弓箭,看起来就像一群神气的江湖大侠!

你看他们牵的马,也是经过精心挑选、悉心喂养、严格训练的千里马。这些马来自甘肃洮河流域,你看,它们前腿如柱、后腿若弓,奔腾起来轻捷矫健,是战场上值得信赖的"好战友"!

你知道吗？

仔细观察这些陶马，你会发现，这些鞍马配备有控马和骑乘的用具，却没有供骑兵上下马和骑乘时脚踏的马镫（dèng）。这是因为，秦朝时还没有发明马镫，骑兵必须依靠自身双腿的力量夹住马腹，才能保持身体的稳定。骑兵在马背上射箭时，必须减慢骑行速度，才能拉弦张弓。

骑兵俑

车兵俑三兄弟中,老大是御手俑,负责驾驶战车,另外二位站在两边,分别担任"车左"和"车右",为战车行进扫除障碍。

御手俑站在中间,身穿长袍,外披铠甲,头上戴有长冠,双手紧紧牵着马的缰绳。

车左站在战车左边,身穿长襦(rú),外披铠甲,腿部有护腿,左手持矛、戈、戟等长兵器,右手按车。车右站在战车右边,装束与车左相同,姿态相反,右手持兵器,左手按车。

御手俑

你知道吗？

秦代选拔御手非常严格。云梦睡虎地秦简中的《秦律杂抄》规定：御手要经过4年的训练，过了4年仍不能驾车，会被免去当御手的资格，还要补上4年所欠的徭役。《六韬·武车士》中说，选车士的标准为：年龄40岁以下，身高1.73米以上，行动敏捷、力量大，既能在车上同敌人战斗，又能在车的前后左右与敌厮杀。一般御手的要求尚且如此，能进入皇家车队的人更是能力出众、英勇顽强。

彬彬有礼的文官俑

除了器宇轩昂的武士俑以外,我还认识了几位彬彬有礼的文官俑呢!文官俑头戴长冠,冠带在下巴系了个蝴蝶结,面带微笑,双目下垂,表情恭谨。他们上身穿长襦,腰部系革带,下身穿长裤,脚穿方口齐头鞋。腰带的右侧还悬挂着小刀和磨刀石。他们双手收在袖管里,毕恭毕敬地站着。仔细观察,他们的左臂和身体间还有个小洞,好像以前夹着什么东西,我猜也许是竹简?

你知道吗?

　　文官俑的腰间为什么挂着削刀和砥（dǐ）石？这是因为，在可用于书写的纸张出现以前，文官多用毛笔在简牍上书写文字，如果出现了错别字，就用削刀削去一层，在上面重新书写。人们常常用砥石磨刀，时刻保持这块"橡皮"的锋利。

　　用刀订正的过程叫作"刊"，写完的竹简用麻绳编连起来，就成了"册"，竹简成册以后，若还有较大的改动，就得抽出其中的几片，称为"删"。把文章送给别人看时，常常用"斧正"一词来自谦，意思是说，自己的作品还有所不足，需要对方的指点修改，逐一削去太过麻烦，不如用斧子直接砍掉——看来古代人也是很有幽默感的！

热闹的地下生活

地下的生活并不无聊,我常常和朋友们一起玩耍唱歌,好不快乐。

河边,青铜水禽正在戏水玩耍,仙鹤、天鹅、鸿雁……真是个"地下珍禽动物园"!瞧,那只仙鹤刚刚抓住了一条小虫子!还有两位跽(jì)姿俑和箕(jī)踞(jù)姿俑坐在一旁,也许是它们的"饲养员"吧!

箕踞姿俑

跽姿俑

大力士、撑杆、旋盘……那边的好戏已经开演，我们一起去瞧瞧吧！原来，是百戏俑正在表演节目。他们大多赤裸上身，穿着和我们完全不同的短裙，短裙下部绘着菱格、星象、谷芽等各种各样繁复的图案。他们有的苗条瘦弱，有的魁伟健壮，身材不同，造型各异，表演的节目也各不相同。

百戏俑

铛……铛……听，这厚重悦耳的声音可是世界上唯一一件秦代乐府钟的回响。早在我们生活的大秦，就有专门掌管演奏宫廷音乐的机构——乐府了。虽然这件乐府钟在土里沉睡了两千年，可它的花纹依旧清晰完整，熠熠生辉；它的声音依旧清脆悦耳，动听悠扬。1982年，著名音乐家吕骥先生敲响了两千年来的第一声，让人们听到了来自秦朝的回响。

这里是座兵器库

　　我发现我身边的兄弟们手持的武器都不一样,总结来说,这里的兵器可以分为作战兵器和仪卫兵器,作战兵器又分为进攻型兵器和防御型兵器。下面,我来带领大家了解一下我们的兵器吧!

　　参观的时候大家千万要小心,不要触摸,因为我们的兵器是开刃儿的真家伙,可以用于实战!

你知道吗？

秦始皇陵兵马俑坑中出土的数万件兵器中，截至目前仅见到 7 件铁质或部分为铁质的兵器，其余都是青铜兵器。青铜一种是由铜、锡、铅等金属配比制作的合金，含锡的比例不同，青铜的硬度也会不同。经检测，兵马俑坑中出土的青铜兵器，根据其用途有着不同的金属配比，可见当时的冶金技术已经达到了相当高的程度。

金钩,又名吴钩,由于最早流行于春秋时期的吴国,所以叫"吴钩"。这种特殊的青铜兵器目前在秦兵马俑坑中仅出土两件。它与刀的单刃不同,是对开双刃,使用方法是钩杀和推杀。它不仅是防身御敌的兵器,在草木繁盛的吴地,还可以用来开路、采伐、狩猎呢!唐朝诗人李贺在诗中所写的"男儿何不带吴钩,收取关山五十州。"说的就是这种兵器。

金钩

秦兵马俑坑中出土的青铜剑是目前所知最长的青铜剑,和春秋战国时期的青铜剑相比,它的剑身变窄、变薄,剑体加长,形状像纤长的柳叶,在距离剑锋6厘米的地方收缩稍窄,名为"束腰"。束腰和现代刺刀上血槽的作用相同,是秦代兵器研制的一大进步。"荆轲刺秦王"故事中的秦王佩戴的就是这种青铜剑。

你看这些青铜剑寒光四射,剑气逼人!

青铜剑

青铜铍

青铜戈

戈是最古老的兵器之一，距今已有3500多年的历史了。在殷墟出土的甲骨文中，以兵器形象为笔画结构的"戈"字已有发现。许多与战争有关的汉字中都有"戈"的身影，比如战斗的"战"、武装的"武"、讨伐的"伐"等。

《考工记》记载，长兵器最长不能超过身高的三倍。在实战中，人们发现兵器长度相当于人身高的三倍时杀伤力最佳。古代彪形大汉身高8尺，按照秦制每尺约23厘米计算，就是1.84米，三倍就是5.52米。秦兵马俑坑中出土的青铜铍（pī），外形像短剑，铍身断面为六边形，长30厘米～35厘米，下端有茎，可以固定在3米～3.5米的长柄上，肯定是一把称手的兵器！

弓和弩是一对"好哥儿俩",弩是弓的升级版,弩也被称为"有臂之弓"。弓的优点在于使用便捷,射击频率高,但有时使用者的力量和耐力有限,射程和精准度都会受到影响。与弓相比,弩的弹力更强,射程更远,精准度更高。

手持弩的射程在150米~180米。

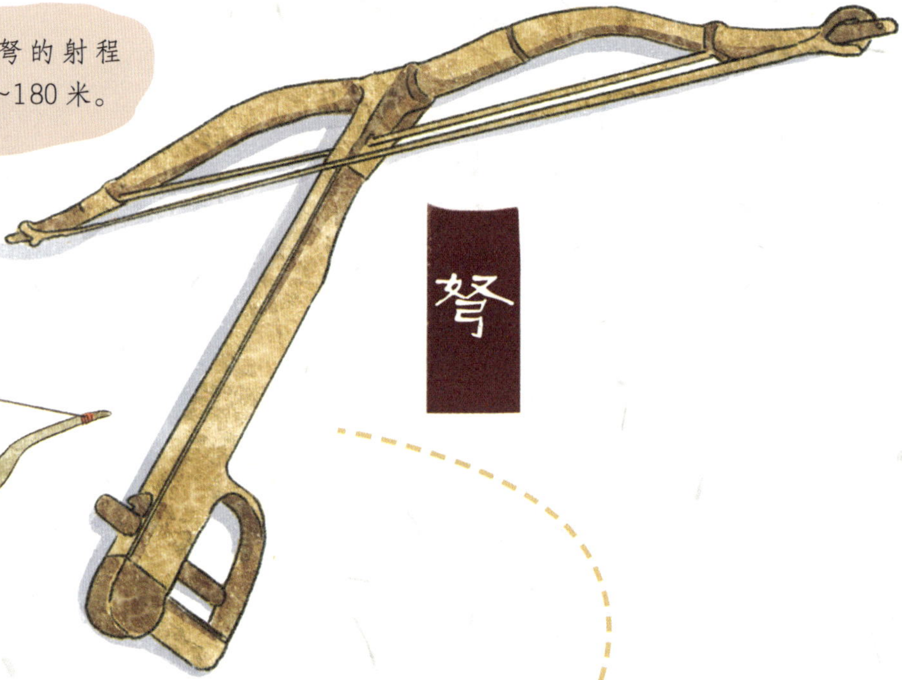

弩

盾牌

2010年,在秦兵马俑一号坑第三次发掘中,考古人员发现一处彩绘革胎漆盾遗迹。盾的材质为皮质胎底,通体髹(xiū)漆,局部彩绘。这面盾让我们看到了秦军的另一面。同样,在秦陵彩绘铜车马上也发现一面青铜盾,整体用青铜铸造,形象写实,结构刻画精美,造型与这处彩绘革胎漆盾极为相似,是国内目前发现的最完整的秦盾实物形象。

钺（yuè）的造型像斧子。古时候的将军领兵作战前，通常会在太庙前，接受天子的授钺仪式，非常隆重。钺是王权的标识，也是权力和地位的象征。

《诗经·卫风·伯兮》记载"伯也执殳（shū），为王前驱。"意思是说，执殳的侍卫列队走在前边，为国君开道。这里的殳是国君仪仗队所配备的礼仪兵器。目前，秦兵马俑坑发掘出土的殳均来自三号坑南厢房，专家认为这些殳是验证三号坑为指挥部的重要依据之一。

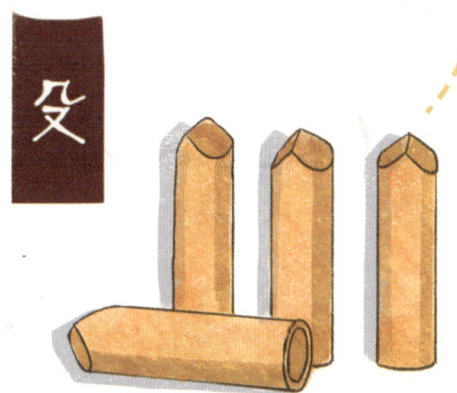

青铜车马跑得快

嗒嗒嗒……忽然，耳畔传来一阵马蹄声，我回头一看，两组铜车马正向我驶来。这两组铜车马好气派，马头上金光闪闪，车厢上布满华丽的花纹。仔细一看，驾车的御手俑头上戴的头冠好像和我的一样！你看，他们正在和我们打招呼呢！

你知道吗？

俗话说"君子一言，驷（sì）马难追。"意思是说，一句话说出口，就是四匹马拉的车也很难追回。指话说出口，就不能再收回，一定要信守承诺，说话算数。

这两乘铜车的样子截然不同。我面前跑的是"立车",车厢是左右宽、前后短的长方形,四周围着一圈低矮的围栏,门开在后方。车上有一柄可以拆卸的大伞,御手俑站在伞下,看起来威风凛凛。

车上还有射击用的弩和防御用的盾,车厢前方有两个银钩,用来承托铜弩,车厢左边围栏外侧的矢箙(dú)(装箭的筒)中还装着12支箭镞。

立车在乘舆队伍中供狩猎、视察和随行人员参乘使用。

立车

> 我用站姿驾车,所以这乘车是立乘车,又叫立车。因为立车的车盖高,文人们说"立乘曰高车",因此,立车又可以称为"高车"。

这组铜车马采用了铸造、镶嵌、焊接、子母扣连接、活铰（jiǎo）连接等多种工艺，结构精巧复杂，车身上布满彩绘，云纹、几何纹、夔（kuí）龙纹等图案交织在一起，十分华美艳丽。工匠师傅们高超的技术让我太佩服啦，这组铜车马真是当之无愧的"青铜之冠"！

跑远的那乘车叫作"安车"。从上面看，它的车厢是一个"凸"字形，前面空间小，是御手的座位，后面空间大，是乘客的区域。如果按照真实车马的比例放大，它的空间要比考古常见的马车大得多。

安车

> 我用坐姿驾车，所以这乘车是坐乘车。文人们常说"坐乘曰安车"，因此，我驾驶的车又可以称为"安车"。

安车车厢的前面和左右两边各有一个可以开闭的车窗，后面有单板车门，乘客可以从这里上下车。车箱顶上还覆盖着一顶巨大的椭圆形车盖，因此，与立车相比，它更能保护乘客的隐私。

你知道吗？

仔细看，这组铜车马的其中一根辔（pèi）绳末端用红笔写着"安车第一"四个字，结合该车的其他情况，考古学家认为它就是文献上的"安车"。安车可以随时开闭车窗来调节温凉，开之则凉，闭之则温，因此在秦汉时期也被称为"辒（wēn）辌（liáng）车"。

马具

这些马身上戴着金闪闪的装饰，真漂亮啊！我们一起走近看看吧！

你知道吗？

"节约"一开始并没有节俭、节省的意思，而是指一种马具。节约是马具上皮条之间互相交叉或连接的一种配件，材质大多为青铜或骨质。它小巧精致，皮条可以从中间穿过去，不仅可以减少绳带扎绑的绳节，节省时间，还能有效避免绳索相交处的交叉错乱，起到稳固结节、控制马匹的作用。

节约

当卢

络头

分道扬镳

马身上的装饰个个都有讲究，比如"镳（biāo）"。镳在马具中起承接络头、固定铜衔的作用。铜车马坑出土的青铜车马每副络头上均有两件银镳，位于马嘴两侧，它们大小相同，线条流畅优美，彰显了车主人尊贵的地位。

由于辔绳系在马嘴两侧的衔环上，而衔环上还贯插着镳，只要御手拉动手中的辔（pèi）绳，马嘴两侧的镳就会自然扬起，马也能随之转向。想要向左转就拉动左边辔绳，扯动左侧的镳，马就向左转；想要向右转就拉动右边辔绳，扯动右侧的镳，马就向右转，像不像我们今天使用的"方向盘"呢？我们熟悉的成语"分道扬镳"也是由此而来的。

排兵布阵真威风

运筹帷幄之中——指挥部

走着走着，我来到了位于军阵后部的一间屋子。听说，这里是我们的"指挥部"。别看这里面积不大，只有520平方米，可它在实际作战中的作用十分重要！

这间屋子由南厢房、北厢房和中区的车马房三部分组成。南厢房像一个"土"字，这里的战士手里拿着殳，面对面倚墙而立，是保卫"指挥部"的警卫人员。中间是"指挥部"的议事厅，很多重大的决议都在这里进行。

你知道吗？

秦朝的兵权掌握在最高统帅秦始皇的手里，凡调兵50人以上，都必须经过皇帝的许可。虎符就是调兵遣将的信物。虎符分为左右两半，右半留中央，由皇帝掌管，左半则由各个地方的军事长官持有。调兵时，征调军官拿着皇帝交给的右半个虎符，去兵源地与地方军事长官的左半个虎符相对照，如果两半虎符能合在一起，才能将士兵带走。这也是"符合"一词的由来。

这里有本"活兵书"——一号坑军阵

战鼓声响起,大家迅速拿起兵器,排成作战时的队形——我们要开始操练了!

一号坑军阵队形整齐,最前面站着三排战士,他们身穿战袍、手持弓弩,是整个军阵的前锋,与敌人交锋时,由他们最先对敌人开展攻击。前锋的后面紧跟着主力部队,他们是由车兵和步兵组成的38路纵队。

在军阵的南侧、北侧和最后端,各有一排战士面朝外站立,他们是军阵的翼卫和后卫,时刻提防着敌人从南北两侧或后面偷袭。

《孙膑兵法》讲到,古代排兵布阵要讲究"前锋必锐""阵体必鸿",这个军阵有锋、有后,可战、可守,简直就是一部"立体兵书"!

曲尺军阵显威风——二号坑军阵

一号坑军阵已经集结完毕，二号坑军阵也整装待发。

二号坑军阵由四个独立方阵组成，分别是弩兵阵、骑兵阵、驷马战车方阵和车、步、骑混合军阵。弩兵阵站在东北端，172位立射俑和160位跪射俑配合默契，蓄势待发。

骑兵阵站在队伍北边，108位骑兵俑立于马前，排列成整齐的长方形。

军阵中部，是由19辆战车、264位步兵俑和8位骑兵俑组成的混合军阵。他们队形庞大，却行动敏捷，配合默契，共同发动对敌军的突袭。

最南端的是由64辆战车组成的驷马战车方阵。

这四个方阵相辅相成，共同组成一个曲尺形大阵，形成"大阵套小阵，大营包小营，阵中有阵，营中有营"的布局。几个方阵既可以单独作战，也可以共同抗敌，发挥出多兵种混合作战的威力。

你知道吗?

参观秦始皇帝陵博物院的时候,我们能看到气势恢宏的秦俑军阵。数以千计的秦俑整整齐齐排列在由一道道低矮的土墙分割而成的"过洞"中。别看这些土墙现在低矮,原来可是高高的隔墙呢!由于时间变迁,一部分隔墙自然塌陷,变得比兵马俑还低。根据考古发现,我们可以推测秦兵马俑坑建成时的内部空间高度为3.2米,十分高大宽敞!

北厢房像字母T，后厅站着威武的铠甲武士俑。除此之外，还有一件鹿角和一些兽骨，这些是战前用来占卜和祈求胜利的工具。不过我认为，我们之所以能获得胜利，是因为我们秦军将士勇敢无畏，不惧困难。

车马房里有一驾战车、四匹陶马和四位武士俑，不同于作战部队中的武士俑，他们的职责是传达军令，向敌军宣战，有时也会辅佐主将宣布进军和撤退的命令。

你知道吗?

《孙膑兵法》写道:"易则多其车,险则多其骑,厄则多其弩。"意思是说,平坦的地方多用战车,险要的地方多用骑兵,狭窄逼仄的地方多用弩兵。秦兵马俑二号坑中多兵种混合的编组,就反映了这种作战思想,通过排兵布阵,发挥出不同兵种的作战优势。

第四章

重见天日

进入秦陵的通道全部关闭，
一切都陷入了无边的黑暗。
我和士兵们一直守护在这里，
经过百年、千年……
直到有一天，
一束光洒在我的身上……

惊现世界的奇迹

1974年3月29日，陕西省临潼县（今西安市临潼区）西杨村的一群村民正在抗旱打井，他们在土地上挖得热火朝天。挖到大约1米深时，土里出现了木炭的遗迹。挖到大约2米深时，他们发现了坚硬的红烧土。大家有些疑惑不解，心里忐忑不安。挖到3米多深时，他们发现了陶俑残缺的身躯，再向下挖，又挖出了更多残破的俑头、青铜兵器、铺地砖的碎片……井上和井下的人都非常惊奇，有些迷信的人惊呼这是挖到"瓦神爷的庙"了！

拉开科学保护的序幕

这些陶俑碎片一经面世，就立刻引起国家文物局和陕西省文化局的高度重视。1974年7月15日下午，陕西省文化局组织的秦俑考古队正式进驻西杨村考古工地，秦俑科学保护的大幕正式拉开。通过秦俑考古队的试掘和钻探，基本确定这座俑坑是一座总面积达14260平方米的大型陪葬坑，坑内有陶俑、陶马约6000件。1975年，国家决定在兵马俑坑遗址上建立保护展览大厅。之后，秦俑考古队先后在这座兵马俑坑附近又发现了两座兵马俑坑。按照发现的顺序，这三座兵马俑坑分别被命名为一号兵马俑坑、二号兵马俑坑和三号兵马俑坑。经过系统的考古发掘和专业的科学研究，被誉为"世界第八大奇迹"的秦始皇陵兵马俑终于重见天日了！

你知道吗？

秦兵马俑深埋地下两千多年，其间没有其他人发现吗？当然不是。考古发现，在兵马俑坑遗址区的1座西汉后期墓葬、5座东汉墓葬、20余座明清及近代墓葬中，都挖出了陶俑和陶马的残片；二号坑西部还发现一口清代古井，正好打在一个拉着战车的陶马身上。这些发现都表明，在漫长的时光中，不少人曾看到过这支"地下军队"的身影，只是这些"偶遇"都没有引起关注。直到1974年考古人员的介入，才使这批珍贵国宝重见天日。

秦陵"医生"本领大

由于兵马俑坑内进水、坍塌、火焚等自然和人为原因,沉睡了两千多年的秦兵马俑,出土时几乎都是残缺不全的。这时,就需要"文物医生"为这些刚苏醒的"病人"进行"治疗"。

第一步:信息采集

将陶俑修复前的残破状况、陶片上的痕迹和彩绘病害等信息,用文字、绘图、照相等多种方法详细记录下来。有了这些"病历",就能清楚地看到陶俑的历史价值、艺术价值和科学价值。

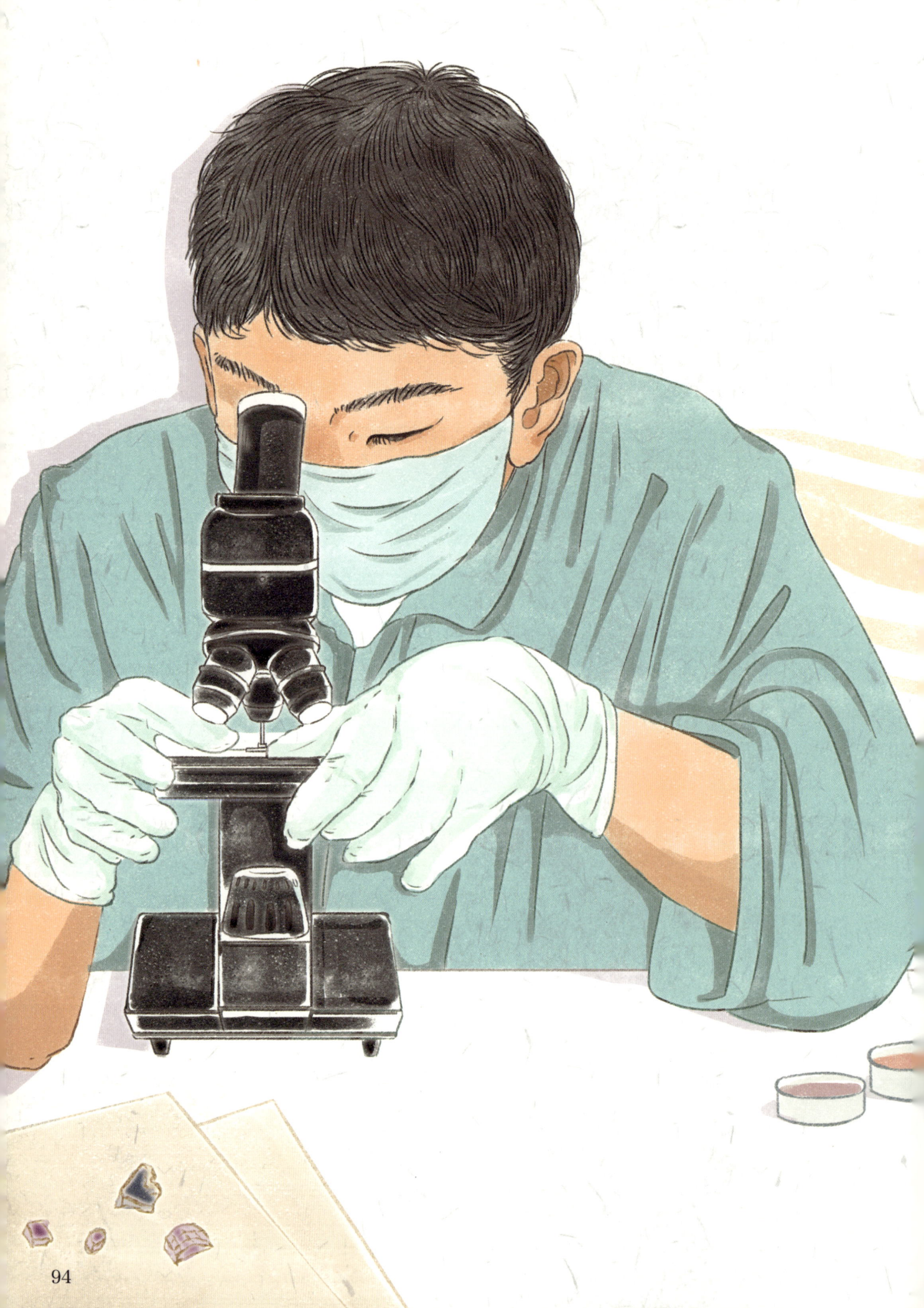

第二步：科学检测分析

想知道陶俑得了什么"病"，就要对彩绘陶片进行采样和分析，比如彩绘颜料分析、陶胎分析、超声波检测、显微镜观察、扫描电镜分析等手段，找到"病因"之后，才能对症下药，制定出相应的修复措施。

第三步：对彩绘、漆皮的保护处理

陶俑出土后，身上的彩绘层会出现卷曲、龟裂、剥离、脱落等现象。由于陶胎表面有一层生漆层，因此在清理病害前，需要对陶片上的彩绘进行多次保护处理。几平方厘米的彩绘，每天要加固 2~3 次，周期 1~3 天，随着加固剂浓度的提高，还要加固 2~3 次，整个过程需要 6~9 天。一些复杂陶俑的修复，甚至得花费近一年的时间！

第四步：清理及清洗陶片

　　陶片的清理遵循"最小干预"的原则，边清理，边保护。有的陶片表面有彩绘残留，清理时要非常小心。彩绘表面的泥土附着物等病害要用棉签蘸乙醇仔细清洗；陶片内部和残断面的硬物或其他附着物病害，可以先用牙科工具和竹片清除，再用毛刷清理，最后用乙醇擦洗，将泥垢清洗干净。

第五步：拼接和粘接陶片

正式粘接前，要先对陶俑碎片进行拼对。拼对工作依据"取大优先"原则，从大到小，依次拼接，完成后再进行粘接。陶俑碎片的粘接按照自下而上的顺序进行，每一阶段使用黏合剂粘接后都必须进行固定，等待黏合剂凝固后才能进行下一步工作。

第六步：建立保护修复档案

粘接工作完成后，要给陶俑建立保护修复档案，方便后续的保存和保护。"病人"的档案包括陶俑出土残破状况、病害情况、残片大小和形状、彩绘颜色和部位等。

第七步："留院"观察

修复后的陶俑还要在专门的实验室中进行一到三个月的"留院"观察，这样做的目的是观察陶俑身上彩绘和粘接面的稳定性及对环境的适应情况。

经过秦陵"医生"的妙手治疗，康复出院的陶俑就可以办理"身份证"了。之后，他们就可以回归团队或"出差巡游天下"了！

你知道吗？

在参观兵马俑一号坑的修复区时，你有没有注意到，一些兵马俑被保鲜膜包裹着。难道兵马俑也需要"保鲜"？其实，这与兵马俑彩绘的保护有密切关系。在考古清理的过程中，文物保护专家会在兵马俑身上有彩绘的部位喷涂抗皱缩剂，这种溶液能够减缓生漆层水分的流失，起到锁水保湿的作用。他们还会在彩绘表面点涂加固剂，用来加强彩绘层与陶体之间的黏合力。在等待进一步处理和修复的过程中，必须将表面有彩绘的陶片用保鲜膜包裹起来，这样既保持了兵马俑及彩绘层湿度的稳定，也能避免外界环境对已实施保护的彩绘造成干扰与破坏。

现代科技的光辉

在司马迁的笔下，秦始皇的地下宫殿壮丽又神秘："宫观百官奇器珍怪徙臧满之。令匠作机弩矢，有所穿近者辄射之。以水银为百川江河大海，机相灌输，上具天文，下具地理。以人鱼膏为烛，度不灭者久之。"班固也在《汉书》中说："水银为江海，黄金为凫雁。"这是多么令人震撼的场景啊！

秦始皇帝陵地宫里真有一条"水银河"吗?为了寻找这个问题的答案,考古人员与当时的地质矿产部物理与化学探测研究所展开合作,在1981年和1982年,对秦始皇帝陵先后进行了两次土壤汞(gǒng)量测量。测量结果显示,在秦始皇帝陵封土的中心区域,有一个面积约1.2万平方米的强汞异常区。专家排除了土壤本身汞异常的可能性,认为是地宫水银挥发到封土土壤所致。正因为有了现代科技,我们才能"看"到这条壮观的地下"水银河"!

博物院的建立

阳光穿过土壤，照射进两千多年前的地下，秦始皇帝陵园的保护和研究工作也在不断深入。

1987年，秦始皇帝陵（含兵马俑坑）被联合国教科文组织列入《世界遗产名录》，成为人类文明史上光彩熠熠的一章。2009年2月，秦始皇帝陵博物院成立。2010年10月，秦始皇陵国家考古遗址公园开园。

50年来,秦始皇帝陵考古成果斐然。陵寝建筑、地宫形制、陵园结构及性质各异的陪葬坑、陪葬墓陆续"浮出地面";铜车马、彩绘跪射俑、石甲胄等重要的"奇器珍怪"相继面世;帝陵规制下的秦代第一陪葬墓——陵西一号墓顺利发掘,秦陵东门遗址、城垣建筑的勘探研究工作稳步推进……回望来时路,这无疑是薪火相传、硕果累累的50年。

2022年，对外发布的秦陵百戏俑坑"28号俑"备受关注。这尊陶俑模样特殊，不同于其他站着、蹲着、坐着的陶俑，它竟然是仰卧的！人们暂时将这尊陶俑称为"仰卧俑"。

是谁做了两千多年的好梦？屹立千年的秦始皇帝陵还藏着多少秘密？就等着时间来告诉我们答案吧！